GÉRAUD-BASTET

LE
PALAIS-BOURBON

ET LA

CHAMBRE DES DÉPUTÉS

(GUIDE ILLUSTRÉ du VISITEUR)

Prix : Un franc

1901

Aux Bureaux de la "CORRESPONDANCE DE PARIS"

3, PLACE DU PALAIS-BOURBON, 3

PARIS

LE PALAIS-BOURBON

ET

LA CHAMBRE DES DÉPUTÉS

IMPRIMERIE TYPOGRAPHIQUE A. DUBUISSON

128, RUE D'ALÉSIA, 128 — PARIS (XIVe)

GÉRAUD-BASTET

[F. Pech de Cadel]

LE
PALAIS-BOURBON
ET LA
CHAMBRE DES DÉPUTÉS

(GUIDE ILLUSTRÉ du VISITEUR)

Prix : **Un franc**

1901

Aux Bureaux de la "CORRESPONDANCE DE PARIS"

3, PLACE DU PALAIS-BOURBON, 3

PARIS

LE PALAIS-BOURBON

ET

LA CHAMBRE DES DÉPUTÉS

EN 1901

Quand, après avoir traversé la place de la Concorde. on s'engage sur le pont du même nom qui relie, dans l'axe de la rue Royale, les deux rives de la Seine, et qui, jadis, s'appelait Pont Louis XVI, puis pont de la Révolution, on a devant soi la façade de la Chambre des députés. Cette façade fut commencée le 22 novembre 1806 par l'architecte Poyet, qui jugea indispensable, la mode étant aux pendants, de bâtir l'édifice en style grec pour faire vis-à-vis au temple de la Gloire (devenu, sous la Restauration, église de la Madeleine) qu'on bâtissait en face, à l'extrémité de la rue de la Concorde (depuis rue Royale) de l'autre côté de la place.

Les Français qui passent sur le pont de la Concorde, œuvre de Palloy, ne se doutent pas, pour la plupart, qu'ils foulent aux pieds les restes de la Bastille, dont une partie des pierres fut employée à l'édification de ce pont, qui a vu passer tant d'hommes d'opinions diverses, dont certains ont eu pour but de relever sous une autre forme la vieille forteresse, et dont les autres ont usé leur vie à combattre les doctrines funestes de la contre-révolution.

Avant de pénétrer dans l'enceinte du Palais-Bourbon, ensemble de bâtiments comprenant la Chambre des députés, les divers services qui en dépendent et le palais de la Présidence de la Chambre, disons un mot de ce que l'on voyait jadis sur l'emplacement circonscrit par le quai, la rue de Bourgogne, la rue de l'Université et l'Esplanade des Invalides.

L'emplacement où s'élèvent aujourd'hui le Palais-Bourbon et le Ministère des Affaires Etrangères faisait, au douzième siècle, partie du pré Saint-Germain, plus connu sous le nom de Pré-aux-Clercs, théâtre de luttes continuelles entre les écoliers et l'abbaye de Saint-Germain.

C'est là qu'Henri IV installa son camp avant de faire le siège de Paris.

C'est encore là, sur les vertes prairies qui se terminaient aux marécages que remplaça bien plus tard l'Esplanade des Invalides, que se donnaient lès rendez-vous des duellistes, jusqu'au jour où l'abbé de Saint-Germain, en faisant enclore de murs ce terrain, mit fin, sinon aux duels, du moins à la mode qui avait ensanglanté, tant de fois, l'herbe du Pré-aux-Clercs.

En 1720, la duchesse douairière de Bourbon acheta de M. Mandar, qui, lui-même les avait acquis des moines de l'abbaye de Saint-Germain, tous les terrains situés entre la rue de Bourgogne et le marais des Invalides, et chargea un architecte italien, Girardini, de lui construire un palais sur cet emplacement. Les travaux, commencés en 1722, furent successivement poursuivis par L'Assurance, élève de Jules Hardouin Mansard, par Gabriel, Barraux, Carpentier, Bellièvre et Bellissard, jusqu'en 1777 où eut lieu le premier règlement de comptes, puis continués et terminés seulement en 1790, après avoir coûté au total plus de seize millions de livres, y compris le coût des communs construits de 1777 à 1790 sur une partie des jardins.

Le 18 septembre 1795, la Convention nationale décréta que le ci-devant Palais-Bourbon, confisqué sur le prince de Condé, héritier de la duchesse de Bourbon, parti en émigration, serait affecté au Conseil des Cinq Cents et MM. Gisors et Lecomte, architectes, furent chargés de construire une salle des séances pour cette Assemblée.

Entre temps, depuis l'époque de la confiscation et sous le nom de Maison de la Révolution, le Palais Bourbon avait été affecté, dans la partie des communs (cour des écuries et remises), à l'Administration des Convois militaires, à la Commission des Travaux publics, et, en 1794, à l'Ecole Centrale des Travaux publics, devenue plus tard (1er septembre 1795) l'Ecole Polytechnique.

La salle du Conseil des Cinq Cents fut construite en charpente, recouverte de stuc, sur l'emplacement des grands salons de réception du palais bâti en 1772. Les vestibules et les appartements des ailes furent disposés en salles des Pas-Perdus, des conférences, de la distribution.

L'aspect extérieur du palais sur le quai ne subit d'autres changements que celui d'un attique destiné à masquer le comble de la salle des séances.

Du côté de la cour, un horrible mur orné d'un portique saillant de six colonnes corinthiennes surmontées d'une calotte servant à couvrir la niche dans laquelle étaient disposées la tribune des orateurs et la place du président et des secrétaires, remplaça la décoration du fond : un superbe fronton surmonté d'un groupe représentant le Soleil sur son char, entouré des Saisons.

Le 16 novembre 1797 fut posée la première pierre de la nouvelle salle, et sous la tribune en marbre des orateurs, dans une boîte en plomb, retrouvée en 1828, à l'époque de la démolition, et déposée aux archives de l'Assemblée, on enferma : diverses pièces de monnaie, deux médailles en argent frappées à cette occasion, un manuscrit de la Constitution de l'an III (ce manuscrit tomba en poussière à l'ouverture de la boîte), une plaque en cuivre avec une inscription relatant le décret de la Convention affectant le palais au Conseil des Cinq Cents.

Dans sa séance du 29 nivôse an VI (18 janvier 1798) le Conseil des Cinq Cents arrêta qu'il s'installerait dans son nouveau local le 2 pluviôse suivant « jour correspondant à l'anniversaire de la juste punition du dernier roi des Français », et détermina le cérémonial de la prise de possession. En même temps il attribua au Palais-Bourbon le nom de Palais National du Conseil des Cinq Cents, à la rue de Bourgogne et à la place du Palais-Bourbon, les noms de rue et de place du Conseil des Cinq Cents, et dédia la salle « *à la souveraineté du peuple français* ».

Conformément à cet arrêté, le 21 janvier 1798, les murs et les portiques du Palais National des Cinq Cents ayant été, dès la veille, ornés à l'extérieur de guirlandes et de festons, une salve d'artillerie annonça, à onze heures du matin, le moment de la réunion des Représentants du Peuple dans le pavillon du vestiaire. A une heure, le président, à la tête des secrétaires et des membres du Conseil, revêtus de leur nouveau costume, à l'exception du manteau, ouvrit la marche, précédé des huissiers, des messagers d'Etat et des secrétaires-rédacteurs. Le cortège défila par la cour Montesquieu et par la grande cour du palais, entre une haie de grenadiers de la Représentation nationale, drapeaux déployés, les tambours battant aux champs. Une nouvelle salve d'artillerie annonça l'entrée du Conseil dans la salle et l'ouverture de la séance.

Aussitôt, la musique, placée dans les tribunes, fit entendre la *Marseillaise*.

Le président Bailleul prononça ensuite le discours d'inauguration et, son discours terminé, annonça que deux arbres consacrés à la Liberté allaient être plantés dans les deux principales cours du palais.

Le Conseil se remit alors en marche dans le même ordre qu'à l'arrivée, précédé de la musique jouant le *Chant du Départ*, et se rendit dans la cour faisant face au pont de la Révolution, en défilant devant une haie formée par les grenadiers, par un escadron de cavaliers et par les vétérans casernés au palais.

Une nouvelle salve d'artillerie annonça la plantation des arbres de la Liberté, et le président prononça alors un second discours, après lequel il reçut et plaça de sa main le symbole de la Liberté sur les arbres ornés de banderoles et de flammes tricolores.

Un cri unanime de « Vive la République ! » poussé par la foule qui encombrait toutes les avenues, salua l'érection des arbres, pendant que des salves redoublées d'artillerie accompagnaient les acclamations.

Rentrés dans la salle des séances, les membres du Conseil, le président le premier, prêtèrent le serment de « haine à la royauté et à l'anarchie, d'attachement et de fidélité à la République et à la Constitution de l'an III. »

Après eux, les secrétaires-rédacteurs, les messagers d'Etat et les huissiers prêtèrent le même serment.

Aussitôt après, deux messagers furent expédiés au Conseil des Anciens et au Directoire exécutif pour leur annoncer l'installation du Conseil des Cinq Cents dans son nouveau palais national.

La séance fut levée à quatre heures aux acclamations des tribunes, au son de la musique et au bruit du canon.

Le soir le palais fut brillamment illuminé.

Neuf cent mille francs avaient été consacrés à l'installation des nouveaux locaux. La salle des séances, oblongue, comprenait une série de banquettes étagées sur huit rangs et séparées par deux passages aboutissant à des portes de sortie. Un passage central plus large conduisait de l'hémicycle à la terrasse donnant sur le quai.

Le bureau du Président était placé dans une sorte de grande niche dont le fond était orné de draperies.

La tribune en marbre (la même qui sert, aujourd'hui, à nos députés) s'élevait au dessous du bureau et on y accédait, des deux côtés, par un escalier de quelques marches.

Tout autour de la salle, au dessus des sièges des représentants, se trouvaient les tribunes, séparées l'une de l'autre par des colonnes en bois recouvertes de stuc.

A droite et à gauche de la tribune, dans des niches pratiquées dans l'épaisseur du mur, on voyait les statues en plâtre de Solon, Démosthène, Lycurgue, Brutus, Caton et Cicéron.

Deux salons d'accès, le salon de la *Paix* et celui de la *Victoire* servaient de vestibules à la salle des séances; deux autres salons, celui de l'*Egalité* et celui de la *Liberté*, ornés, comme les premiers, de statues et de tableaux rappelant les grands faits de la Révolution, communiquaient avec les deux premiers. Cette salle servit au Corps législatif institué par la Constitution de l'an VIII, à la Chambre des députés de 1814, à la Chambre des représentants de 1815, et à la Chambre des députés de la deuxième Restauration jusqu'en 1829.

Comme nous l'avons dit, au début de cette notice historique, en 1806, l'Empereur Napoléon chargea l'architecte Poyet de remplacer l'ancienne façade de l'hôtel de Bourbon qui avait été démolie l'année précédente, et Poyet fit le péristyle, la colonnade composée de douze colonnes corinthiennes et le fronton que nous voyons encore aujourd'hui, dans leur ensemble.

Dans une boîte en plomb furent déposés :

1° Une médaille en argent à l'effigie de S. M. l'Empereur et Roi, ayant au revers, gravée au burin, la nouvelle façade, et en exergue : A Napoléon le Grand, le Corps législatif.

2° Une médaille en argent des législateurs.

3° Une série de monnaies.

Le fronton, sculpté par Chaudet, représentait *l'Empereur présentant à la députation du Corps législatif les drapeaux enlevés aux Champs d'Austerlitz*.

Au dessous du fronton, cette inscription, en lettres d'or ;
A Napoléon le Grand.

En 1815, ce fronton fut détruit, et remplacé, en 1816,
par un autre fronton, en plâtre, exécuté par Fragonard
d'après les données suivantes : *Une figure représentant la
Charte accompagnée de la France et de la Justice, proté-
geant les Sciences, les Lettres, les Arts et l'Industrie.*

L'œuvre de Fragonard ne fut pas plus heureuse que
celle de Chaudet, et fut remplacée par le fronton actuel,
exécuté par M. Cortot.

Les bas-reliefs placés en 1806 sous le pérystile et les
arrière-corps représentaient :

L'Empereur Napoléon, législateur, par Stouf.

L'Empereur alliant la Religion à la Victoire, par
Danjou.

*L'Empereur distribuant des récompenses aux Sciences et
aux Arts,* par Spercieux.

L'Empereur au tombeau du grand Frédéric, par Fragon-
nard.

La bataille d'Austerlitz, par Renaud.

*Le général Rapp présentant des drapeaux au Corps Lé-
gislatif,* par Gaule.

L'Entrevue des deux Empereurs, par Baichot.

La Restauration fit détruire ces bas-reliefs comme le
fronton, à coups de marteau, et le palais présenta l'aspect
d'un vieux temple mutilé par la base.

La révolution de Juillet restaura le monument, mais
les bas-reliefs sous le pérystile ne furent pas remplacés.

Sur les arrière-corps furent exécutés les bas-reliefs qui
existent encore.

A la rentrée des Bourbons, le palais fut restitué au
prince de Condé, qui consentit un bail au prix annuel de
124,000 francs. Ce ne fut qu'en 1827 qu'il fut acquis par
l'Etat, en vue d'une reconstruction, jugée nécessaire

depuis 1824, l'ancienne salle du Conseil des Cinq Cents menaçant ruine.

La construction d'une nouvelle salle fut décidée en 1828, et l'architecte de Joly fut chargé de l'exécution des plans dressés par lui et qui englobaient une grande partie de la cour d'honneur de l'ancien palais et toute l'ancienne cour de service sur la rue de Bourgogne.

Pendant les travaux, les députés siégèrent dans une salle provisoire, entièrement élevée en charpente et terminée en quarante jours, qui fut construite dans le jardin dit des Quatre-Colonnes sur lequel donnent, actuellement, les fenêtres du salon de la Paix et de la salle des sténographes.

Cette salle provisoire servit aux sessions de 1830 et de 1831. Elle fut démolie le 25 septembre 1832.

Ce fut dans cette salle provisoire que Louis-Philippe fut proclamé roi des Français, le 9 août 1830, et prêta serment à la Charte.

L'ancienne salle fut démolie le 22 août 1829, mais les travaux de fondation du nouveau palais avaient été commencés dès le 2 décembre 1828.

Une boîte en plomb fut placée sous la première assise du mur de fond de la salle des séances, derrière le fauteuil du président. Cette boite en plomb, enfermée dans une autre boîte en cèdre, contient un grand nombre de médailles et de monnaies d'or et d'argent, ainsi que les plan, coupe et élévation du nouvel édifice, gravés sur une planche en cuivre.

Une autre planche en cuivre porte l'inscription suivante :

SOUS LE RÈGNE

DE CHARLES X

ROI DE FRANCE ET DE NAVARRE

A ÉTÉ RECONSTRUITE

LA SALLE DES SÉANCES DE LA CHAMBRE DES DÉPUTÉS

LE IV NOVEMBRE MDCCCXXIX

LA PREMIÈRE PIERRE DE CET ÉDIFICE A ÉTÉ POSÉE
PAR SON EXCELLENCE
LE COMTE DE LA BOURDONNAYE
MINISTRE DE L'INTÉRIEUR
DÉPUTÉ DU DÉPARTEMENT DE MAINE-ET-LOIRE
EN PRÉSENCE
DES DEUX QUESTEURS
PIERRE, MARIE, COMTE DE BONDY
DÉPUTÉ DU DÉPARTEMENT DE L'INDRE
GABRIEL, JACQUES LAINÉ DE VILLELÉVÊQUE
DÉPUTÉ DU DÉPARTEMENT DU LOIRET
DU VICOMTE HÉRICART DE THURY
CONSEILLER D'ÉTAT, DIRECTEUR DES TRAVAUX PUBLICS
ET DE JULES DE JOLY
ARCHITECTE DE LA CHAMBRE DES DÉPUTÉS.

La nouvelle salle fut commencée le 21 novembre 1832 et remise aux questeurs par le comte d'Argout, ministre du Commerce et des Travaux publics.

Les députés en prirent immédiatement possession et c'est cette même salle, modifiée plusieurs fois dans sa disposition intérieure, qui sert encore, aujourd'hui, à la réunion des députés de la troisième république, depuis le retour de Versailles, le 27 novembre 1879.

Une fois, seulement, depuis sa construction, la salle des séances se trouva trop petite pour le nombre des représentants élus par la Nation. Ce fut en 1848. L'Assemblée constituante comptait neuf cents membres, et il fallut élever, à la hâte, une salle provisoire capable de les contenir tous.

La nouvelle construction que l'on surnomma « salle de carton » fut bâtie dans la cour principale du Palais, le bureau du Président se trouvant à l'alignement des deux pavillons d'angle de la cour d'honneur.

La « salle de carton » fut démolie après le 2 décembre 1851 et le Corps législatif siégea dans la salle actuelle.

LA CHAMBRE ACTUELLE

Avant de pénétrer dans l'enceinte du monument, jetons un coup d'œil sur la façade de la Chambre des députés.

Au dessus du large péristyle aux douze colonnes d'ordre corinthien, se trouve, ornant le tympan du fronton, le principal bas-relief qui, sous la monarchie de Juillet, remplaça celui de Fragonard et qui est dû au ciseau de Cortot. Il représente *la France debout entre la Liberté et l'Ordre, et accompagnée des génies des Arts, du Commerce, de l'Agriculture, de la Guerre et de la Paix* qui s'harmonisent sans rivalité.

Au dessous, remplaçant l'ancienne inscription : A NAPOLÉON LE GRAND, celle-ci, en lettres d'or : CHAMBRE DES DÉPUTÉS.

Un superbe escalier de 34 mètres de largeur, encadré par deux contreforts au bout desquels se dressent, d'un côté *Minerve* par Roland, de l'autre *Thémis* par Houdon, descend du péristyle jusqu'à la grille du quai, divisée en quatre corps par les statues de *Sully* par Beauvallet, de *d'Aguesseau* par Foucou, de *Colbert* par Dumond et de *L'Hospital* par Descène, statues qui sont loin d'être des chefs-d'œuvre de sculpture.

La place occupée par *Minerve* et *Thémis* a fourni jadis l'occasion de dire que les représentants du peuple avaient laissé la *Sagesse* et la *Justice* à la porte.

Quant aux statues de d'Aguesseau et de L'Hospital, elles donnèrent lieu, sous la Restauration, à un très beau mouvement oratoire.

Le général Foy répondait à M. de Serre, ministre de la Justice, dont il attaquait, avec son talent ordinaire, une mesure injustifiée : « Pour toute vengeance, *pour toute punition*, s'écria l'orateur en s'adressant au garde des sceaux, *je vous condamne, Monsieur, à tourner les yeux, lorsque vous sortirez de cette enceinte, sur les statues de L'Hospital et de d'Aguesseau !* ».

L'Empereur s'était réservé le privilège de monter seul le superbe escalier du péristyle qui, à cette époque, menait directement à la salle des séances. Il se rendait au Corps législatif entouré d'un brillant état-major, composé de rois, de princes et de généraux illustres, escorté par son régiment de guides, dont un escadron, mettant pied à terre, se rangeait en bataille dans le salon dit des Gardes, servant aujourd'hui de garde-meuble, et qui donne issue dans l'intérieur et sur le derrière de la salle des séances.

Louis XVIII, aux débuts de la Restauration, se rendait aussi à la Chambre, escorté de ses gardes du corps ; mais à partir de 1820, devenu impotent, il convoquait les députés au Louvre, dans la salle du Trône, pour l'ouverture de la session. Charles X et plus tard Napoléon III firent de même.

Le 4 mai 1848, l'Assemblée Constituante proclama la République du haut du grand escalier, et le 4 septembre 1870 la foule, forçant les grilles, monta à l'assaut du Corps législatif, enfonça les portes du péristyle et pénétra dans l'intérieur du palais et de la salle, réclamant la déchéance de Napoléon III, la proclamation de la République et la nomination d'un Gouvernement provisoire.

Les arrière-corps de la façade portent chacun un bas-relief.

Celui de droite, œuvre de Rude, représente les *Arts ;* celui de gauche, exécuté par Pradier : l'*Instruction publique.*

La deuxième façade, sur la place du Palais-Bourbon,

est à peu de chose près ce qu'elle était en 1798 lorsque le Palais était occupé par le Conseil des Cinq Cents après la démolition de l'entrée demi-circulaire qui donnait accès, avant la Révolution, dans la cour principale.

Cette entrée était une des plus belles que l'on citât à Paris.

Une grande porte, accompagnée de chaque côté d'une colonnade d'ordre corinthien qui la reliait à deux pavillons d'angle, était ornée des armes de Bourbon portées par deux génies au milieu des nuages.

Deux statues, de toute beauté, s'élevaient à droite et à gauche de la porte, au dessus des colonnes qui l'encadraient.

Aujourd'hui, une grande porte surmontée d'un cadran peu artistique, et flanquée d'une colonnade droite la reliant aux pavillons d'angle, donne accès dans la Cour Principale, au fond de laquelle une double rampe mène à une cour de moindres dimensions, dite Cour d'Honneur, dont les côtés sont formés par les ailes où se trouvent divers services de la Chambre et le troisième côté par un péristyle à quatre colonnes au milieu duquel s'ouvre, ou plutôt ne s'ouvre plus, la grande porte dè bronze par laquelle, sous la monarchie de Juillet, entrait le roi Louis-Philippe et que semblent garder les statues de la *Justice* et du *Suffrage universel* par Geyrand.

Revenons maintenant sur le quai et entrons à la Chambre.

Si nous sommes député, sénateur, journaliste ou simplement porteur d'une carte de galerie ou de tribune pour assister à la séance, nous franchirons la grille de la cour du Pont, située à la droite du monument quand on tourne le dos à la Seine, et à laquelle veillent deux concierges, assistés, au besoin, de gardiens de la paix, qui stationnent sur le trottoir et qui, si vous n'êtes pas connu d'eux, s'enquièrent du but de votre visite.

Au fond de la cour et au haut d'un perron de trois marches abrité par une marquise se trouve une grande porte vitrée, au dessus de laquelle est placée l'inscription : *Entrée de MM. les Députés.*

Pour arriver à cette porte, nous avons longé à gauche un corps de garde, aménagé sous le grand escalier de la façade et à droite, la salle où le public, non muni de cartes, a accès pour faire demander un député, et le salon carré, nouvellement bâti, dit parloir, où les électeurs peuvent s'entretenir avec leurs élus.

A gauche de la marquise se trouve l'entrée des porteurs de cartes, qui, par les soins des employés de la Chambre, sont conduits aux places qu'indiquent leurs billets, soit au premier étage dans les loges dites galeries, soit au second étage dans les tribunes.

Franchissons la porte vitrée de la marquise. Après avoir poussé deux autres portes vitrées battantes entre lesquelles se trouve une sorte de vestibule, flanqué à droite d'un petit salon pour les *dames* de MM. les députés et à gauche d'un lavabo complet, nous pénétrons dans *la Rotonde.* Si c'est un jour de séance, sitôt entré, nous aurons parfois peine à nous frayer un passage à travers les groupes qui encombrent *la Rotonde*, parlant, discutant, gesticulant. Jetons un coup d'œil circulaire :

Ici, à droite et en avant d'une sorte de niche, un comptoir. C'est le bureau de tabac, toujours assiégé, car on fume beaucoup à la Chambre et ce ne sont pas que les projets et les combinaisons ministérielles qui s'envolent en fumée.

A côté du bureau de tabac, une haute et large porte donne accès au couloir conduisant au parloir, et sur lequel prennent jour de petites pièces dans lesquelles les députés peuvent recevoir, en particulier, leurs visiteurs. Une seconde porte, tout à côté ; c'est celle de la galerie des Fêtes, par laquelle arrive le président.

A gauche, un escalier double, dans la cage duquel pendant la séance montent et descendent sans cesse, le long de fils de fer, de petites boites contenant des enveloppes, que saisissent, sitôt arrivées à leur portée, des jeunes gens qui ont l'air d'être très pressés et qui, sitôt en possession du papier, s'éloignent rapidement.

Escalier conduisant aux Tribunes de la Presse
(la Rotonde).

Cet escalier est celui de la Presse comme l'indique l'inscription : *Tribunes de la Presse*, peinte sur le mur. Ces boîtes descendent la « copie » que rédigent les rédacteurs parlementaires, et que des cyclistes — les jeunes gens pressés — apportent aux journaux et aux agences pour être composée ou télégraphiée sans retard, suivant qu'il s'agit d'un journal parisien ou de journaux de province.

Dans l'espace laissé vide entre les deux rangées d'escalier, dans tous les coins de la Rotonde, sont de petites tables, occupées, pendant la séance,' par des journalistes attachés à des agences d'informations.

Un va et vient continuel a lieu entre la *Rotonde* et le *salon de la Paix*, qui lui fait suite, et à la porte duquel veille un employé chargé d'en interdire l'accès à tous ceux qui n'ont pas le droit d'y pénétrer.

Le *salon de la Paix* (ou salle des Pas-Perdus) ainsi nommé par antiphrase, sans doute, car il a été et il est souvent témoin de discussions animées et quelquefois violentes, est le rendez-vous bruyant des députés, des journalistes et de quelques hauts fonctionnaires.

Au centre, faisant face aux jardins de la Présidence que l'on aperçoit à travers six grandes fenêtres, se dresse une haute *Pallas* de bronze.

La déesse de la Sagesse, le bras levé, semble vouloir conseiller la modération à la foule qui se presse dans la salle sans que son geste muet paraisse avoir une influence quelconque. Cette statue a remplacé celle de Mirabeau.

A chaque extrémité du salon, se faisant vis-à-vis, un Laocon, dont les contorsions paraissent dues autant à l'enlacement des serpents qu'à l'état de surexcitation dans lequel le mettent les conversations qu'il est obligé d'entendre, et un groupe : *Aria et Pœtus*.

La courageuse Aria qui vient de se poignarder pour échapper à la tyrannie de Néron est représentée tendant sou arme ensanglantée à son mari, au moment où elle lui adresse le fameux : *Pœte non dolet!* qui. en ce lieu, semble vouloir dire qu'il vaut mieux mourir que d'assister plus longtemps au spectacle que les deux époux ont, tous les jours, sous les yeux.

Au plafond, sont les peintures d'Horace Vernet représentant la *Paix* et le *Génie de la vapeur sur terre et sur mer*.

La *Paix* nous fait passer en revue les costumes des gardes nationaux, ceux de la magistrature, de l'armée et du monde des fonctionnaires sous le règne du roi-citoyen.

Quant au *Génie de la vapeur* il est plein d'enseignements en nous permettant de comparer la peu gracieuse marmite qui servait de locomotive vers 1840 et le *bateau à aubes* de la même époque, aux machines actuelles et aux navires à hélice qui circulent actuellement les uns à travers les continents, les autres à travers les mers.

Deux *tambours* en drap vert font saillie dans la salle.

L'un, celui qui est le plus rapproché de la Rotonde, sert de bureau à l'aimable chef du service intérieur, M. Fénioux, l'autre, gardé par deux employés, ne s'ouvre que pour laisser passer les députés, les sénateurs ou les quelques rares fonctionnaires ayant accès dans les salons réservés aux membres de la Chambre.

Bien pittoresque l'aspect du salon de la Paix pendant les séances de la Chambre.

Autour des tables, placées le long du mur faisant face aux fenêtres, les rédacteurs-correspondants de grands journaux de province, rédigent, au moyen des feuilles qui leur sont apportées au fur et à mesure de l'avancement de la discussion, les comptes-rendus destinés à leurs journaux respectifs.

Le travail de rédaction n'empêche pas les conversations et les joyeux propos de s'échanger entre confrères, ceux qui descendent des tribunes apportant leurs impressions et ceux qui viennent du dehors, leurs nouvelles.

Des éclats de voix, des interjections s'échappent des groupes.

Ces coins de salles sont de véritables salles de rédaction où, souvent, l'esprit coule à pleins bords, et dans lesquelles la plus franche camaraderie ignore les dissidences d'opinions.

Dans la salle, pareils à des mouches du coche, circulent, à l'affut des nouvelles, les informateurs parlementaires.

Voyez ce gros garçon, au facies réjoui, qui semble

Le Salon de la Paix.

rouler sur des jambes trop courtes. Il porte la tête haute, et son nez en trompette flaire le vent. Aperçoit il un député influent, il l'accroche au passage, l'entraînant en passant son bras sous le sien, comme s'il était son plus intime ami, et l'interroge sur les probabilités de tel ou tel événement.

Quand il aura recueilli quelques « tuyaux » de celui-ci, il essaiera d'en avoir d'autres de tel autre, et il pérorera ensuite, au milieu de quelque groupe, en commentant, les appréciations qu'il viendra de recueillir.

Plus loin, quelque député de l'opposition refera, quatre fois, le discours qu'il se propose de prononcer à la tribune, et pour peu qu'un compère naïf se prête à la chose, nous aurons une représentation en petit de ce qui se passera dans la salle des séances.

Sur les banquettes, placées entre les fenêtres, des groupes discutent aussi. A certains moments, la foule est si dense qu'on ne circule qu'avec peine.

Mais, voici que l'heure de l'ouverture de la séance approche. Un bruit de pas cadencés se fait entendre, et par la porte qui donne sur le salon des Quatre-Colonnes, faisant suite à celui de la Paix, débouche une compagnie d'infanterie, conduite par un capitaine et un lieutenant ou un sous-lieutenant.

Sur les indications d'un adjudant du Palais, le capitaine fait former la haie à ses hommes depuis la porte de la *Galerie des Fêtes*, donnant dans *la Rotonde*, jusqu'au *tambour* situé dans le *salon de la Paix*, et par lequel on entre dans les salons réservés.

Au delà de ce tambour, jusqu'à l'entrée de la *Salle des séances*, six soldats et deux sous-officiers continuent la haie.

Deux tambours (en chair et en os ceux-là) se tiennent, dans le salon de la Paix les baguettes levées.

La foule, refoulée par la haie des soldats, qu'elle traverse par des créneaux provisoires, se masse derrière les troupiers.

Deux heures vont sonner.

Portez armes ! Présentez armes ! commande le capitaine qui, suivi de l'autre officier, va se poster dans la Rotonde, chaque officier d'un côté de la porte qui vient de s'ouvrir sur la Galerie des Fêtes, et du fond de laquelle, pendant que les tambours battent aux champs, et que tout le monde met chapeau bas, on voit s'avancer le Président et son cortège.

D'abord, deux huissiers, en habit à la française, chaîne au cou, épée au côté, claque sous le bras, gants noirs.

Puis, le Président, en habit, son chapeau à la main.

Derrière le Président, les Secrétaires de la Chambre, et enfin le Secrétaire général de la Présidence.

Le Président arrive au seuil de la Rotonde. Il s'arrête. Les deux officiers saluent du sabre et le Président rend à chacun son salut. Puis ayant à sa droite le capitaine et à sa gauche le lieutenant, le Président marche à travers la haie des soldats présentant les armes.

Arrivé au tambour vert, nouvel arrêt.

Les officiers font front, saluent une deuxième fois du sabre le Président qui leur rend le salut, et pénètre dans l'enceinte réservée, où le saluent encore le colonel commandant du Palais et le chef des huissiers, pendant que tournant à gauche il monte les deux marches qui précèdent l'entrée de la salle des séances.

Dans le salon de la Paix, la batterie aux champs a cessé.

Le capitaine rassemble sa troupe qui fait par le flanc droit et disparait par la porte de la salle des Quatre-Colonnes.

Ce mouvement ne laisse pas que de provoquer, neuf fois sur dix, un véritable gâchis, dans les rangs de la troupe.

Il arrive en effet ceci : C'est qu'au commandement de *Serrez vos rangs*, les hommes, ou une partie d'entre eux, dans *chaque* rang prennent pour eux ce commandement, alors qu'il ne devrait s'adresser qu'aux hommes d'un seul rang.

Il en résulte une confusion qui n'a rien de militaire.

Il serait, cependant, bien facile de faire exécuter à la troupe un mouvement régulier, en numérotant les rangs, premier et deuxième, à l'avance.

Il n'y aurait alors qu'à commander : *Premier rang, demi tour à droite.*

Le mouvement exécuté :

Serrez vos rangs.

Et alors : *Par le flanc gauche sans doubler.*

Livrons cette consultation d'un vieux manœuvrier aux méditations des capitaines commandant la compagnie de garde au Palais-Bourbon.

Nous retrouverons tout à l'heure le président.

Suivons la troupe qui après avoir traversé la salle des Quatre Colonnes regagne son corps de garde par un escalier en pierre descendant à la cour principale.

Arrêtons-nous dans la salle éclairée par des fenêtres sur le même plan que celles du salon de la Paix. Deux cloisons en drap vert, découpent, au milieu de cette pièce, un quadrilatère garni de tables, autour duquel on est obligé de circuler, sitôt la séance commencée, pour rejoindre les couloirs de la questure.

C'est là que les sténographes viennent, à tour de rôle, traduire, en caractères ordinaires, les lignes qu'ils ont écrites au pied de la tribune, où ils se relaient pendant tout le cours de la séance, à raison de trois minutes de travail chaque fois.

Le salon des Quatre Colonnes est orné des statues de Montesquieu par Dumilâtre et de celles de Brutus, de Lycurgue, d'Epaminondas et de Solon. De cette salle on

Salon des Quatre-Colonnes.

peut, par un élégant péristyle à quatre colonnes, descendre dans les jardins de la Présidence.

C'est dans cette salle, qu'étaient autrefois admises les personnes venant demander des places pour la séance. Nous avons indiqué comment, aujourd'hui, le public est maintenu loin de l'intérieur du palais, dans une annexe spécialement consacrée à sa réception (1).

Nous allons maintenant conduire le lecteur dans la partie du Palais réservée aux membres du Parlement.

Deux portes y donnent accès, celle par laquelle nous avons vu entrer le Président et une seconde donnant dans la salle des Quatre Colonnes.

Franchissons la première. Nous voici dans l'ancienne salle du trône.

Le trône qui sous la monarchie de juillet servait au roi Louis-Philippe lors de l'ouverture de la session, et qui était placé dans une niche étroite, a disparu.

Cette salle est décorée des admirables peintures d'Eugène Delacroix, représentant l'*Agriculture*, l'*Industrie*, la *Guerre*, la *Justice*. Sur les pieds droits, en grisaille, des peintures allégoriques représentent les mers et les principaux cours d'eau de France : L'*Océan*, la *Méditerranée*, la *Loire*, le *Rhin*, le *Rhône*, la *Seine*, la *Garonne*, la *Saône*.

Une des entrées de la salle des séances, celle par laquelle pénètre le président, se trouve dans la salle du trône. Une inscription en lettres d'or : SALLE DES SEANCES est placée au-dessus de cette entrée.

La *salle Casimir-Périer* vient ensuite. Elle doit son nom à la statue du grand ministre, qui est accompagnée de celles du général *Foy*, de *Bailly*, et de *Mirabeau*.

De superbes colonnes de style corinthien soutiennent

(1) A partir du mois de novembre 1901, le service sténographique sera transféré dans un des bureaux réservés aux Commissions.
La salle des Quatre-Colonnes sera transformée en un jardin d'hiver.

un très beau plafond en voûte et à caissons. Au fond, contre le mur de la salle des séances et faisant face à la haute
porte de bronze, donnant sur la cour d'Honneur et par
laquelle entraient Louis-Philippe et la Cour, est encastré
le magnifique haut relief de Dalou représentant la célèbre
scène du 23 juin 1789, alors que Mirabeau lance au marquis de Dreux-Brézé, grand maître des cérémonies de la

Le bas-relief de Dalou (salle Casimir-Perier).

cour de Louis XVI la fulgurante apostrophe : « *Allez
dire à votre maître que nous sommes ici par la
volonté du peuple et que nous n'en sortirons que par la force
des baïonnettes.* » De la salle Casimir-Périer nous pas-
sons dans la salle Pujol, du nom du peintre qui l'a décorée
de quatre grandes compositions en grisaille : La *loi sali-
que*, les *Capitulaires de Charlemagne*, les *Edits de Saint-
Louis*, la *Charte de 1830*.

Dans cette salle se trouve une seconde entrée de la
salle des séances faisant pendant à la première.

Les trois salles que nous venons de décrire sont longées,
du côté de la cour d'Honneur par une galerie dont l'entrée
se trouve dans la salle des Quatre-Colonnes et qui abou-

Salle Casimir-Périer.

tit à la *Salle de la Distribution*, où sont remises aux députés toutes les publications concernant les travaux de la Chambre.

Cette salle précède le vestibule de la Bibliothèque où

Statue d'Henri IV
et faisceau de drapeaux pris à l'ennemi
(salle des Conférences).

nous pénétrerons tout à l'heure, après avoir visité la *Salle des Conférences*, située en avant et à droite de la salle Pujol, quand on tourne le dos à la cour d'Honneur.

La *salle des Conférences*, où les députés lisent les journaux, écrivent, et où quelques uns, allongés dans les confortables fauteuils rangés sur un rang devant une cheminée monumentale, discourent, en fumant un cigare, a une décoration des plus remarquables.

En face de la monumentale cheminée de marbre vert, au-dessus de laquelle est placé un buste de la République surmonté du mot France, se trouve un faisceau de drapeaux enlevés à l'ennemi sur les champs de bataille de Burgos, Espinosa, Tudela, Somo-Sierra, Madrid, offerts au Corps Législatif par Napoléon Ier et apportés par une députation de grenadiers.

En avant du faisceau se dresse une monumentale statue en plâtre d'Henri IV, datant de 1820, sur le piedestal de laquelle se lit l'inscription suivante :

LA VIOLENTE AMOUR
QUE JE PORTE A MES SUJETS
ME FAIT TROUVER TOUT AISÉ
ET HONORABLE.

Un grand tableau : Le *Président Molé résistant au peuple révolté de Paris sous la minorité de Louis XIV* orne un des côtés de la salle.

Des peintures à fresque, rappelant l'origine des plus utiles et des plus importantes institutions, décorent les murs.

Ce sont : 1° « *Louis le Gros, auprès duquel l'abbé Suger et les deux Garlande, ses ministres, entouré d'évêques, de comtes et de barons, présidant à la rédaction des ordonnances sur l'affranchissement des Communes.* »

2° *Charlemagne entouré des évêques et des seigneurs de sa cour, fait lire devant le peuple, les Capitulaires, origine de la Législation française.*

3° *Le peuple applaudit à la publication des sages ordonnances par lesquelles Saint-Louis vient éclairer son siècle et faire poindre l'aurore de la civilisation.*

Dans le fond du tableau on aperçoit les monuments du

vieux Paris, et Saint-Louis placé sur un balcon voisin de la Sainte-Chapelle.

4° Louis XII présidant l'une des premières séances de la Chambre des Comptes.

Des figures peintes sur fond d'or, représentent la *Prudence* et la *Justice* qui doivent inspirer les travaux des législateurs, la *Vigilance* et la *Force* qui assurent l'exécution des lois.

Dans les médaillons, soutenus par des génies exécutés en grisaille, se trouvent les portraits des plus doctes légistes et des grands ministres qui ont bien mérité de la patrie : *L'Hospital. Montesquieu, Suger, Sully, Colbert, etc.*

Dans les angles, huit figures allégoriques : l'*Agriculture*, les *Arts*, les *Sciences*, l'*Industrie*, le *Commerce*, la *Marine*, la *Paix*, la *Guerre*, représentent les intérêts dont les législateurs ont à s'occuper pour assurer la prospérité de l'État.

Les écussons placés près de ces figures portent pour inscription les mots : *Code Napoléon — Charte de 1830.*

Au milieu de la salle, éclairée par deux lustres à l'électricité, une immense table en fer à cheval, autour de laquelle viennent s'asseoir les députés pour lire ou pour écrire.

Des casiers, des boîtes aux lettres, des pendules, enfin toutes les « commodités de la conversation » complètent l'ameublement de cette superbe salle, dont un épais tapis recouvre le parquet pour amortir le bruit de pas des allants et des venants.

Si nous soulevons une des lourdes portières qui retombent le long des portes, nous pénétrons dans la *Buvette.*

La buvette n'est pas ce qu'un vain peuple pense !

Malgré la légende, on n'y trouve guère que des « sandwichs », du bouillon, du vin, du lait, de la bière et de la limonade.

L'origine de la buvette est relativement récente ; elle a

pris naissance dans les temps orageux de la monarchie de Juillet. A cette époque, plus souvent qu'aujourd'hui, les séances se prolongeaient extraordinairement. Les commissions travaillaient nuit et jour. On reconnut alors la nécessité d'assurer, dans l'intérieur même du palais, des aliments confortables aux laborieux représentants, à la place des quelques carafes d'eau sucrée qu'avaient seulement à leur disposition les orateurs, sous la Restauration.

On installa donc une buvette, qui, jusqu'à ces derniers temps, était restée insuffisante comme dimensions mais où l'on pouvait trouver de quoi étancher une soif trop intense ou calmer des tiraillements d'estomac trop vifs.

Le bouillon était fait, au Palais Bourbon même. Voici ce qu'en dit l'auteur d' *Un voyage autour de la Chambre des Députés*, auquel nous avons emprunté quelques-uns des détails rétrospectifs contenus dans cet opuscule :

« Au pied du premier escalier du grand Pavillon de l'Ouest, — en bordure de la cour principale et où se trouvent aujourd'hui les appartements des questeurs, les nombreux bureaux des commissaires et les services de la questure, — se trouvait une petite chambre de 4 mètres de longueur sur 3 de largeur, séparée en deux parties par une cloison. D'un côté, la cuisine où se prépare le bouillon des législateurs. Sur un foyer toujours brûlant, le jour des séances, se tient, en permanence, un grand bouille-pot en fer battu bien luisant, évasé par le bas, et rappelant par sa forme, les vases étrusques ; il contient à peu près 14 livres de viande. De l'autre côté c'est le logement de la cuisinière. Par une longue habitude, la cuisinière a appris à régler la quantité de viande et de bouillon, d'après l'ordre du jour. Ainsi le jour de la réponse au dicours du Trône, de la discussion des fonds secrets ou de quelque grave interpellation annoncée d'avance, le bouille-pot est plein jusqu'aux bords. Les samedis ordinaires, jour des pétitions, il est à peu près rempli jusqu'à la moitié. L'intelligente ménagère se trompe rarement dans ses calculs politiques, et se montre plus habile en cela que la majorité de la Chambre, qui s'expose souvent à de bénévoles échecs par son inexplicable inexactitude. »

Il est probable qu'aujourd'hui « l'intelligente ménagère » serait souvent prise de court, le droit d'interpellation amenant, parfois, des prolongations de séance inattendues, et les gosiers de nos législateurs se fatiguant souvent dans des exercices

Les Lavabos.

qui n'ont que de lointains rapports avec l'éloquence cicéronienne.

La Buvette, aujourd'hui, a été agrandie, mais elle est loin d'être suffisante pour une assemblée composée de près de 600 membres, et à moins d'élever une annexe sur le petit jardin, donnant à l'angle du quai et de la rue de Bourgogne, dans lequel, au beau temps, nos honorables vont fumer un cigare au grand air, il est, malheureusement, impossible de pouvoir l'agrandir, dans cet angle du Palais.

Un cabinet de coiffure.

La Buvette est ornée de quatre grands panneaux en faïence de Sèvres : *l'Automne* et *l'Hiver*, de M. Constant Roux ; *le Printemps* et *l'Été*, de M. Alfred Boucher. Entre la Buvette, la salle des Conférences et la Bibliothèque existe un assez étroit couloir, domaine des *Dames de Propreté*.

Là sont les *Lavabos*, les cabinets de coiffure, et *les autres*.

Dans une sorte de niche, un fauteuil en bois, de style moyen-âge, auquel on accède par deux marches, semble être le siège d'un président d'un genre spécial.

C'est tout simplement le trône où s'asseoient les députés ayant besoin des services du « cire-bottes ».

Le service de la barbe et de la chevelure de nos représentants est fait par un coiffeur de la ville qui vient raser ces messieurs (chacun son tour) ou rafraîchir par un savant shampooing les crânes échauffés par la discussion.

Retraversons, maintenant, la *salle des Conférences* et

La Bibliothèque.

tournant à gauche, pénétrons dans la *Bibliothèque*.

Deux statues en gardent la porte, celles de *Cicéron* et de *Démosthène* qui jadis, figuraient dans la salle du *Conseil des Cinq-Cents*.

La *Bibliothèque*, construite en 1832, est un magnifique vaisseau mesurant 42 mètres de long sur 10 de large.

Le plafond se compose de cinq parties voûtées en pendentifs et se termine par deux culs de four.

Une superbe boiserie, en chêne de Hollande, enveloppe toutes les parois des murs et une galerie, à laquelle mènent trois escaliers, règne autour de la salle admirablement décorée par Eugène Delacroix.

Les culs-de-four sont peints à fresque.

La fresque du Nord représente *Attila suivi de ses hordes barbares, foulant aux pieds l'Italie et les Arts.*

Celle du sud : *Orphée venant policer les Grecs encore sauvages et leur enseigner les arts de la paix.* |

Les peintures des pendentifs sont sur toile et représentent *la Poésie, la Théologie, l'Eloquence, la Philosophie, les Sciences.*

La bibliothèque que dirige, avec une sûre érudition, l'aimable M. Charvet, fut fondée en vertu d'une résolution du *Conseil des Cinq-Cents*, en date du 15 février 1796. Une subvention annuelle de 22.000 francs est affectée à cette fondation qui, tout d'abord, fut constituée avec les livres provenant principalement des couvents et autres établissements religieux.

La Bibliothèque possède, actuellement plus de 150 000 volumes, parmi lesquels, une collection des manuscrits de J.-J. Rousseau, plus riche à elle seule que les diverses collections du même genre réunies à la bibliothèque Nationale, au British muséum, au musée de Genève et à la bibliothèque de Neufchâtel.

Ces manuscrits ne sont pas inédits, dans leur intégrité tout au moins.

Le premier de ces manuscrits, par ordre chronologique, est celui du *Devin de Village* sur lequel cet intermède fut joué en 1752, au théâtre de la cour, à Fontainebleau.

Viennent ensuite quatre manuscrits, à différents états se rapportant tous à la *Nouvelle Héloïse*, puis une copie autographe de l'*Émile*, en 3 volumes; le manuscrit des *Lettres*, adressées par J. J. Rousseau à la maréchale de Luxembourg, de 1759 à 1767; une copie autographe de la correspondance de Rousseau avec M. de la Tour de Franqueville. Il y a aussi le manuscrit, superbement relié, de *Rousseau, juge de Jean Jacques*, et la célèbre copie autographe des *Confessions* offerte par la veuve du philosophe à la Convention Nationale. Enfin un exemplaire d'un très bel ouvrage de botanique sur lequel Rousseau a écrit, de sa main, un nombre assez considérable d'annotations et de corrections.

Le manuscrit du *Devin de Village* fut acheté par M. Druon, alors conservateur de la bibliothèque de la Chambre, dans la vente, après décès, d'un pauvre musicien nommé Clos, mort en 1845.

Au bas de la première page du manuscrit et en 4 autres endroits se trouve la griffe de Francœur «le petit violon» qui était directeur de l'Académie de musique quand le *Devin* y fut représenté.

Parmi les richesses que contient la Bibliothèque de la Chambre se trouvent aussi : *Le procès de condamnation de Jeanne d'Arc*, avec les sceaux de l'évêque de Beauvais, Cauchon, et du grand Inquisiteur. *Les Décades de Tite, Live*, traduction du XIVe siècle, avec de magnifiques enluminures, précieuses pour l'histoire du costume; *Un calendrier mexicain* d'avant la conquête par les Espagnols; les *Mémoires du marquis de Pomponne* et 840 volumes in-folio, comprenant tous les papiers du Parlement de Paris.

Outre un très grand nombre d'ouvrages de théologie, provenant des bibliothèques d'anciens couvents, signalons aussi la curieuse collection des Lois de la Russie (Zwod Ukazow) publiée, en russe, par ordre de l'Empereur Nicolas Ier. et qui se compose de 140 gros volumes. Au delà de la bibliothèque, se trouvent des annexes, prenant jour sur la rue de Bourgogne et les bureaux de la rédaction des procès-verbaux.

Il ne nous reste plus à voir dans cette partie du Palais que la *Salle des séances* et les locaux mis à la disposition de la *Presse*.

On pénètre dans la salle des séances par deux tambours en velours rouge, précédant chacun une porte en acajou plein, rehaussé d'étoiles d'or, l'une s'ouvrant sur la salle du Trône et donnant accès au côté gauche de la salle quand on regarde l'Assemblée, l'autre faisant communiquer le salon Delacroix avec le côté droit. Les chambranles des portes sont en marbre, richement sculpté.

La salle demi-circulaire est relativement petite, n'ayant que 467 mètres carrés de surface. Elle est décorée de vingt colonnes de marbre de Carrare, de style ionien, avec chapiteaux en bronze doré. Le revêtement des murs est en marbre rouge; le parquet est aussi en marbre, mais recouvert d'un épais tapis. Ses compartiments représentent des attributs allégoriques.

Les banquettes, disposées en amphithéâtre et séparées par quatre couloirs, sont recouvertes de drap rouge. Les pupitres sont en acajou. Les deux premières banquettes des deux travées centrales sont réservées aux ministres. Elles portent en lettres d'or l'inscription : *Banc des Ministres.*

Face aux banquettes et parallèle au mur du fond se trouve le bureau du Président, élevé de plus de deux mètres au dessus du parquet, et auquel on accède par deux escaliers droits, un de chaque côté.

Sur le bureau du Président, se trouve vissée la cloche, appelée sonnette, qui lui sert à réclamer l'attention de la

La salle des Séances.

Chambre ou à couvrir, au besoin, les paroles trop peu parlementaires d'un orateur tenace.

Cette sonnette date de 1850 comme *institution*, mais empressons-nous d'ajouter que la première a dû être plusieurs fois remplacée, par suite de fêlure, due à des mouvements trop saccadés des présidents essayant, en vain, de s'en servir comme d'un *quos ego*, pour dominer quelque orage parlementaire.

A droite et à gauche du bureau présidentiel, et au dessous de lui, se trouvent les bureaux des secrétaires élus de la Chambre.

Immédiatement au dessous du Président, s'élève la *Tribune* des orateurs, ornée d'un bas-relief de Lemot et qui est la même que celle du Conseil des Cinq Cents. On y accède par deux escaliers de quelques marches chacun.

Sous le second Empire, la tribune fut supprimée ; les députés parlaient de leur place. La tribune ne fut rétablie qu'en 1860.

Au dessous de la tribune se tiennent les secrétaires-rédacteurs et les sténographes.

Debout et face à l'Assemblée, en frac et chaîne d'argent au cou, sont les huissiers, dont parfois la voix se fait entendre criant : « *Silence, Messieurs, s'il vous plaît!* » lorsque les conversations particulières entre députés couvrent, par trop, la voix de l'orateur.

Entre temps, ces dignes employés circulent le long des travées, soit qu'ils apportent des lettres, soit qu'ils en reçoivent à mettre à la poste, soit encore que porteurs des urnes, sortes de sphères à pied, en fer blanc, peintes en vert, avec une sorte d'entonnoir au sommet, ils passent recueillir les bulletins bleus ou blancs, lors d'un vote au scrutin public, pour aller ensuite, en ouvrant la sphère à charnière, verser ces bulletins dans les corbeilles d'osier où en feront le compte les secrétaires de la Chambre, pour ensuite en passer le résultat écrit au Président qui en donne lecture aux députés.

Parfois, le recensement des bulletins fait constater qu'il y en a plus que de députés.

Dans ce cas, il y a lieu à *pointage*, c'est-à-dire qu'on collationne chaque bulletin nominal avec la liste totale des membres de la Chambre. S'il se trouve (cela arrive) deux bulletins, l'un blanc et l'autre bleu au nom du même député, ils s'annulent mutuellement.

Si un même député a, par erreur, mis dans l'urne deux bulletins de même couleur à son nom, on n'en compte qu'*un*.

Quand la vérification a été faite, le nouveau résultat est proclamé par le Président.

Les huissiers remplissent aussi le rôle de barrière vivante, défendant l'accès de la tribune, lorsque quelques « ardents » veulent l'escalader, bien que n'ayant pas la parole, ou formant une haie respectueuse et infranchissable autour d'un ministre qu'un fougueux adversaire veut approcher de trop près !

La salle est éclairée à l'électricité, la lumière descendant d'un plafond lumineux. Grâce à ce système d'éclairage on a pu diminuer la température qui est encore, souvent, très élevée, lorsque l'Assemblée est au complet, que les tribunes regorgent de monde et que la séance se prolonge tard.

Sous la *Restauration*, on voyait, tout près du bureau du Président deux grandes loges qui dominaient l'Assemblée. L'une était réservée aux membres de la Chambre des Pairs, l'autre à ceux du Conseil d'Etat. Pendant l'occupation, les généraux alliés et leurs états-majors ne se montraient que trop souvent dans ces loges qui furent supprimées en 1830.

Maintenant, derrière le Président, se tient, à un bureau particulier placé perpendiculairement au mur du fond, le secrétaire général de la Présidence. Dans un petit réduit est installé, à droite, un appareil téléphonique.

La tribune destinée aux membres de la Chambre des Pairs fut remplacée, après la révolution de 1830, par un banc circulaire, placé au dernier rang de l'amphithéâtre.

Aujourd'hui, les sénateurs ont une tribune particulière, au premier étage (galeries) et au dessus du côté droit de la Chambre. En leur qualité de membres du Parlement, les sénateurs ont, d'ailleurs, accès dans toutes les parties du Palais et, s'ils ne veulent pas monter dans leur tribune, ils se tiennent debout sur les côtés de l'hémicycle, dans les couloirs d'accès.

Les tribunes qui, sous la Restauration, ne formaient qu'un seul rang, de plein pied avec la salle, la loge royale étant placée au centre, en face du bureau du président, sont aujourd'hui à deux étages.

L'étage inférieur porte le nom de *Galerie* et comprend la loge diplomatique, la loge des rédacteurs en chef des journaux parisiens, celle des anciens députés, des sénateurs, du Conseil d'Etat. du Président de la Chambre, des officiers généraux, etç.

Au dessus sont les *tribunes* proprement dites.

Le côté, qui va du centre à la *gauche* de la Chambre. est occupé par la tribune de la presse parisienne, par celle de la presse départementale, suivie de la tribune de la presse étrangère.

Hâtons-nous de dire que ces tribunes sont insuffisantes, qu'on y est très mal assis, et qu'on entend très mal les orateurs, grâce à l'acoustique absolument défectueux de la salle.

Les jours de grande séance, c'est-à-dire lorsqu'une discussion importante, ou une interpellation sensationnelle sont annoncées, les galeries et les tribunes regorgent de monde et le public féminin, très friand de ces sortes de spectacles, vient en nombre et semble faire assaut d'élégance

L'élément féminin des galeries a souvent une influence considérable sur la tenue des débats, et tel président a pu déclarer pouvoir prédire, à l'avance, par l'inspection des tribunes, si M. X ou M. Z, députés, avaient l'intention de « lancer quelque pétard » au cours de la séance.

Comme dans les anciens tournois, ces vaillants chevaliers tiennent à accomplir quelque exploit en l'honneur et sous les yeux de leur dame.

Sous la Restauration, un député, déjà antiféministe, eut la malencontreuse idée de déposer une motion tendant à défendre aux femmes l'accès des tribunes. Un tel murmure d'indignation accueillit cette proposition que l'orateur ne put même la développer.

Cette protestation des galants représentants fut, en 1821, renouvelée, à la tribune même, par un député du centre, M. Héricart de Thury, qui y monta pour faire valoir, en faveur de l'admission des dames, « *la courtoisie et la déférence des anciens Gaulois pour leurs compagnes.* »

Cet argument, accueilli par des applaudissements nourris, trancha définitivement la question.

Si tous les députés, au nombre de 581, assistaient à toutes les séances, c'est à peine s'ils pourraient avoir chacun leur siège, la salle étant véritablement insuffisante pour l'importance numérique de la représentation nationale. L'architecte du Palais-Bourbon a fait un véritable tour de force en utilisant les moindres coins pour installer ainsi que leurs pupitres, les banquettes sur lesquelles siègent nos députés.

Jadis, sous les Bourbons, les députés plaçaient leurs imprimés, leur papier et leurs plumes dans une boîte, installée sous leur siège, ce qui donnait beaucoup plus de large, par suite de la non existence des pupitres qui, aujourd'hui, non seulement servent à renfermer les papiers, mais aussi les boîtes à bulletins, et dont les couvercles peuvent être transformés en instruments de musique de Chambre pour couvrir la voix d'un orateur.

Le confortable relatif des banquettes rembourrées n'existait pas, non plus, sous la Restauration et sous la monarchie de Juillet. A cette époque, les banquettes étaient de simples bancs en bois, ce qui n'empêcha pas, en 1842, **un** jeune député de s'endormir au cours de la séance, de ne pas percevoir le bruit que faisaient ses collègues en quittant la salle, et de ne se réveiller que passé minuit, ce qui l'obligea à attendre le jour pour pouvoir quitter le Palais.

Au commencement du régime constitutionnel, la Chambre des députés ne comprenait que deux grandes divisions : la *droite* et la *gauche*, c'est-à-dire les amis et les ennemis du ministère.

On ne connaissait pas les multiples groupes qui, aujourd'hui, se partagent les députés.

Aussi les plans de la Chambre où se trouvaient indiqués, nominativement, les membres de la législature d'alors étaient-ils peints, seulement, de deux couleurs, *jaune*, pour la droite, *bleue* pour la gauche. Cette disposition donna à un bel esprit de l'époque l'occasion de faire le quatrain suivant :

> Dans cette assemblée où l'on fauche
> Et le bon sens et le bon droit,
> Le côté droit est, toujours, gauche
> Et le gauche n'est, jamais, droit.

Entre les deux couleurs, jaune et bleue, de ce **plan** figuratif on laissait un vide en blanc où l'on inscrivit, d'abord, le petit nombre des membres qui n'appartenaient à aucune de ces deux grandes fractions; mais bientôt, le nombre en augmenta tellement, au détriment de la *gauche* et de la *droite* qu'il fallut renoncer à les enluminer des couleurs primitives et se borner à inscrire, simplement, les noms des députés, suivant la place qu'ils occupaient.

Après 1830, il y eut trois partis bien distincts : Les *légitimistes* qui regrettaient la branche ainée;

Le *juste milieu* qui avait réformé la constitution et qui voulait le *statu quo;*

Les *Impatients* qui réclamaient le développement des institutions constitutionnelles à l'intérieur et une intervention active à l'extérieur.

Les partis ne tardèrent pas à se disséminer et perdirent toute consistance et tout pouvoir. les chefs qui les menaient au combat ne sachant leur imposer ni la fixité des principes, ni l'esprit de conduite, ni la discipline indispensable pour former un grand parti.

Partant, il n'y avait plus du côté du pouvoir comme du côté de l'opposition cette simultanéité. cette harmonie d'action qui donnent à tous les actes législatifs un sens et une portée véritable sur lesquels. personne, en dedans et en dehors de la Chambre. ne peut se méprendre.

On raconte que M. de Corbières. ministre de l'Intérieur sous la Restauration. faisant reproche à l'un des députés du centre d'avoir voté contre le ministère. celui-ci lui répondit : « Quand les ministres ne nous disent rien, nous votons selon notre conscience. »

Ces mots. très cyniques dans la forme. cachent cependant un grand sens politique, car les partis n'ont jamais de force s'ils ne reconnaissent pas de chefs et ne savent pas leur obéir.

La décoration de la salle des Séances est complétée par un bas-relief en marbre placé derrière le président et dû au ciseau de Roman: il représente la *France protectrice* des *Arts*. des *Sciences*. de *l'Agriculture* et du *Commerce*.

Au-dessus. une très belle tapisserie des Gobelins, *l'École d'Athènes*. d'après Raphaël, cache le mur du fond, le long duquel, dans des niches, entre colonnes, sont les statues de la *Force et de la Justice* et, au-dessus des colonnes qui leur servent de piédestal, celles de la *Sagesse*, de *l'Eloquence*, de la *Liberté* et de *l'Ordre*.

Les voûtes sont couvertes de peintures allégoriques d'Adam et de Gosse.

Il est rare que les députés restent tous assis à leur banc pour écouter l'orateur.

D'ordinaire, la salle est sillonnée en tous sens par ceux qui regagnent leur place ou qui la quittent, soit pour se rendre dans les couloirs, soit pour aller s'entretenir avec un collègue.

Parfois les conversations particulières dominent tellement la voix de l'orateur que le président est obligé de réclamer le silence. La sonnette ou le coupe-papier servent d'avertisseurs, mais sont souvent insuffisants.

Les mœurs actuelles, moins exigeantes que celles d'antan, laissent aux députés la plus grande liberté de costume. Aussi le veston côtoie-t-il la redingote ou la jaquette, et les ministres eux-mêmes, viennent à la Chambre et montent à la tribune, dans un *négligé* qu'ils n'oseraient se permettre pour une visite mondaine.

Il n'en a pas été toujours ainsi. Sous le premier Empire les membres du Corps législatif avaient un uniforme : Habit de velours violet, amples manteaux doublés d'hermine et brodés d'or.

Sous la Restauration les députés portaient le frac bleu de roi, brodé, sur le collet et sur les parements, d'une guirlande de feuilles de chêne entremêlées de fleurs de lys, et il y avait, toujours, une soixantaine de membres qui, même dans les séances ordinaires, se croyaient obligés de revêtir ce costume, alors qu'il n'était obligatoire, en dehors des séances extraordinaires d'ouverture des sessions, que pour tout orateur montant à la tribune. Un jour, Casimir-Périer, dont la haute stature réclamait un frac de dimension peu ordinaire, s'étant trouvé obligé de monter à la tribune, à l'improviste, n'eut d'autre ressource, pour pouvoir se conformer au règlement, que d'emprunter l'habit d'un de ses collègues et le grand ministre apparut dans un frac dont les manches ne dépassaient guère son coude, et dont les autres parties allaient à l'avenant. Impossible à l'orateur de faire un geste, emprisonné dans cette sorte de camisole de force.

On juge du rire de la Chambre.

Il nous faut, maintenant, revenir sur nos pas, et, sortant de la salle des séances, retraverser les salons du Trône et de la Paix pour regagner la *Rotonde*.

Nous avons signalé l'escalier à double rampe qui conduit aux tribunes de la presse. Gravissons le. A moitié du premier étage, quelques marches s'en détachent pour conduire aux bureaux de poste et de télégraphe, et donner accès au salon des Rédacteurs en chef, garni de tables recouvertes d'un tapis vert autour desquelles le *Whist* fait rage, et précédant la loge d'où ces messieurs assistent à la séance.

Continuons l'ascension : sur le palier du premier étage, se trouve la buvette, simple comptoir étroit, devant lequel debout, les journalistes viennent se rafraîchir.

Au second, à droite et à gauche du tambour qui donne accès à une galerie circulaire, courant au-dessus de l'escalier du public, et desservant l'entrée des tribunes de la presse, se trouvent deux plate-formes garnies de tables et de sièges et destinées aux rédacteurs attachés aux grandes agences.

Là, pendant tout le cours des séances, ces journalistes rédigent les comptes-rendus qui sont téléphonés au siège de l'Agence au fur et à mesure que les pages blanches sont remplies.

De la galerie circulaire, un escalier percé dans le mur,

conduit à la Bibliothèque de la presse, vaste pièce sous les combles, où se trouvent tous les journaux du jour, et de grandes tables destinées à la correspondance. Dans le fond de la pièce, des cabines téléphoniques, affectées chacune à une agence ou à un journal différent, permettent d'envoyer rapidement toutes les communications nécessaires.

Services intérieurs

Deux grands services se partagent la besogne intérieure de la Chambre. Le Secrétariat général de la Présidence et celui de la Questure.

Le Secrétariat général de la Présidence, dont le titulaire actuel est l'aimable et érudit M. Pierre, est chargé du travail relatif à la tenue des séances, à la procédure des projets et des propositions de loi, des amendements et des interpellations.

Il a aussi dans ses attributions, le compte-rendu *in-extenso* des débats rédigé sous les ordres du chef des sténographes, et du compte-rendu analytique, dirigé par M. Anatole Claveau.

Un bureau spécial, dépendant du Secrétariat général de la Présidence, chargé de la centralisation de tous les services législatifs, s'occupe du dépouillement des votes et de l'expédition du procès-verbal et des lois.

Le Secrétaire général de la Présidence a, en outre, la garde du sceau spécial qui doit être apposé sur le texte des lois définitivement adoptées par la Chambre. Ce sceau, qui, autrefois, portait les armes royales ou impériales, est actuellement la reproduction de celui dont se servait l'Assemblée Nationale en 1848. Gravé par Barre, il est en acier et mesure 22 centimètres de circonférence. Il représente la République debout, appuyée, d'une main sur les tables de la Constitution et soutenant, de l'autre main, les balances de la Justice.

Chaque fois que le Congrès se réunit, ce sceau fait le voyage de Versailles. Là-bas, on l'adapte à une vis énorme mise en mouvement par un balancier aussi grand qu'une roue de charrette. A Paris, il est actionné par un ressort à boudin d'une grande puissance.

En 1871, à Bordeaux, on n'avait pu emporter le mécanisme moteur, et la loi nommant M. Thiers, chef du Pouvoir Exécutif aurait pu ne pas être reconnue par la Chancellerie allemande, si, au dernier moment, on n'avait découvert chez un papetier une presse suffisante pour produire une empreinte à peu près informe.

Un vestiaire.

La Questure est chargée de l'établissement du budget de la Chambre. Elle a le contrôle et l'ordonnancement des dépenses, la distribution des cartes d'entrée aux séances. Le Secrétariat général centralise l'administration des trois questeurs, veille à l'exécution des mesures d'ordre et de surveillance dans le Palais-Bourbon, convoque les

commissions et assure la transmission des dossiers élec-
toraux.

Le Secrétariat général de la Présidence est installé
dans le Palais du Président, celui de la Questure au premier étage, dans l'aile du Palais de la Chambre, où sont
les bureaux des commissions (pavillon de l'ouest).

On accède à cette partie du Palais par un long couloir,
partant du fond du salon des Quatre-Colonnes face à la
porte qui le réunit au salon de la Paix.

De ce couloir central, partent à angle droit, d'autres
couloirs desservant les bâtiments qui forment les petites
cours Sully, Montesquieu, d'Aguesseau, Colbert et Molé.

Le long du mur, des armoires servent de vestiaires aux
députés dont les divers bureaux sont répartis dans les
diverses ailes ainsi desservies.

Au bout du couloir central et sur la rue de l'Université,
sont situés les appartements des questeurs...

Au rez-de-chaussée et dans les sous-sols se trouvent des
services accessoires : machinerie, lampisterie, resserres
etc.

Jadis, c'était dans une partie de ces bâtiments que se
trouvait la chapelle de la Chambre.

Cette chapelle avait, sous la Restauration, un desservant
qui était l'aumônier de la Chambre et figurait sur son
budget pour 12,000 francs par an. Cet aumônier disait
tous les dimanches une messe, à laquelle le Président de
la Chambre, M. de Fontanes et M. Chefflet, rapporteur de
la Loi sur la Censure, assistaient, régulièrement, avec un
grand recueillement. Les fonctionnaires, les employés de
la Chambre et les gens de service s'y rendaient *d'office.*

L'abbé Eynard, premier aumônier, était un prêtre tolé-
rant. Comme employé de la Chambre, il avait ses entrées
dans la salle des séances et se plaçait dans le couloir de
l'entrée de la salle des Conférences, à droite, tout près de
la tribune. Il ne manquait aucune discussion et avait, tou

jours, les yeux fixés sur l'orateur, prêtant attention, avec une charité toute chrétienne, à des discours que personne n'écoutait. C'était pour beaucoup d'*honorables* une ressource des plus grandes; car rien n'est plus décourageant pour un orateur de ne pouvoir, dans la masse des auditeurs groupés autour de lui, trouver un seul député qui veuille écouter ses exordes insinuants ou ses pompeuses péroraisons.

Depuis 1830, la Chapelle sert de magasin aux vieux balais, plumeaux, paillassons et têtes de loup.

Elle n'a été réouverte que pour les cérémonies nuptiales des députés qui auraient cru déroger à leur dignité en se mariant comme de simples particuliers, à l'église de leur paroisse.

M. Ledru-Rollin fut le premier qui, en se mariant, fit rendre au culte l'autel de la Chapelle du Corps-Législatif.

Un député conservateur. M. Desmouneaux de Gevré, suivit cet exemple, et ce fut tout.

Les bureaux de la Chambre constituent le fonctionnement en comités des membres dont se compose l'assemblée. Ces bureaux sont nommés par voie de tirage au sort. Ils nomment à l'élection les membres des diverses commissions chargés de l'examen des lois.

Sous la Restauration et même jusqu'en 1848, les commissions se composaient presque toujours des membres les plus éminents, groupés par leur spécialité, et représentant une sorte de comité consultatif du gouvernement, tandis que de nos jours il est loin d'en être ainsi, au grand détriment de la chose publique.

L'initiative des lois, depuis 1830, appartient à chaque député comme au gouvernement.

Sous la Restauration, il n'en était pas de même. Le Roi seul avait l'initiative des lois et les Chambres pouvaient seulement *supplier humblement* le souverain de proposer une loi.

M. de Salverte est le premier député qui fit usage du droit d'initiative parlementaire. C'est sur sa proposition que les ministres de Charles X furent mis en accusation.

Le second, fut M. Delessert, qui demanda de fermer, à jamais, l'accès du sol français à la branche aînée des Bourbons

LE PALAIS DE LA PRÉSIDENCE

Le Palais de la Présidence n'est autre chose que l'ancien hôtel que, tout proche de la princière habitation de la duchesse de Bourbon, se fit construire le marquis de Lassay, ami très intime et directeur de toutes les affaires de la princesse.

Quand, en 1814, la loi du 5 décembre, rendit le Palais-Bourbon au prince de Condé, petit-fils et héritier de la duchesse de Bourbon, celui-ci s'installa à l'hôtel de Lassay, et loua 124,000 francs par an le Palais-Bourbon à la représentation nationale. En 1827, le gouvernement acheta le palais, et plus tard, en 1832, le duc d'Aumale, héritier du prince de Condé, vendit à l'Etat l'hôtel de Lassay, qui devint l'hôtel du Président de la Chambre. Jusqu'alors le Président avait occupé d'abord, de 1814 à 1820, un modeste appartement situé sur la cour d'honneur, puis de 1820 à 1826, une maison rue de Lille et, en 1826, un hôtel, place Vendôme. Ce fut M. Dupin qui, le premier, logea dans l'ancien hôtel Lassay alors composé seulement d'un rez-de-chaussée et à chaque angle d'un entresol très bas, encore existant.

En 1846, furent construits le premier étage et les combles. Les nouveaux appartements furent inaugurés par Armand Marrast.

Ce ne fut qu'en 1860, que le comte de Morny, fit édifier la *grande galerie des Fêtes* et la *galerie des Tapisseries*.

Le rez-de-chaussée du Palais de la Présidence, est

La Galerie des Fêtes

occupé par sept salons : le *Salon des Jeux;* le *Salon des Saisons;* le *Salon des Éléments;* le *Salon des Sciences* (cabinet officiel du Président) ; le *Salon des Arts* et la *Galerie des Fêtes.*

Ces salons sont luxueusement meublés, et sont décorés

La Galerie des Tapisseries.

de panneaux en concordance avec le genre des meubles de style qui meublent chacune des pièces.

Trois statues de marbre blanc : *Louise, la Bouquetière de 1792 battant le rappel,* la *Liberté* et *Diane,* complètent la décoration des salons qui donnent sur un grand jardin, avec pelouses, eaux jaillissantes et quinconces, longeant le quai d'Orsay.

Un salon de la Présidence.

L'aspect des salons de la Présidence, les jours de fêtes, lorsqu'ils sont illuminés et que les mille cristaux des lustres et des pendeloques reflètent la lumière électrique ou celle des bougies, est une des plus belles choses qui puisse se voir à Paris.

Ce jour-là, dans ces salons, se pressent, en foule, tout ce que la politique, les lettres, les sciences et les arts comptent de représentants illustres, célèbres, ou seulement connus.

Le Palais de la Présidence relié à la Chambre des Députés par la galerie des Fêtes, a une entrée particulière, rue de l'Université. Une allée plantée d'arbres touffus, et bordée de communs, affectés à divers services et au logement de certains employés, conduit à une belle cour semi-circulaire, à laquelle sont attenants, d'un côté le petit jardin dit des Quatre Colonnes, sur l'emplacement duquel avait été bâtie la Salle des Séances provisoire en 1829, et de l'autre l'allée des Tilleuls qui, contournant le palais, débouche sur le quai d'Orsay, facilitant ainsi la circulation des voitures, les jours de réception.

Les appartements privés du Président occupent le premier étage du Palais, et on peut y voir la fameuse baignoire, soi-disant en argent, tant reprochée à Gambetta, et qui est tout simplement en zinc !

Ainsi s'écrit, parfois, l'histoire, que font, en partie, les hôtes momentanés du Palais Bourbon.

————

IMPRIMERIE TYPOGRAPHIQUE A. DUBUISSON

128, RUE D'ALÉSIA, 123 — PARIS (XIVe)

————

www.ingramcontent.com/pod-product-compliance
Ingram Content Group UK Ltd.
Pitfield, Milton Keynes, MK11 3LW, UK
UKHW020038100726
13658UKWH00003B/1400